# DÉRIVES

BIZ

# Dérives

LEMÉAC

Illustration de la couverture : Niko Henrichon
(www.nikohenrichon.com)

*Leméac Éditeur reconnaît l'aide financière du gouvernement du Canada par l'entremise du Programme d'aide au développement de l'industrie de l'édition (PADIÉ) pour ses activités d'édition et remercie le Conseil des arts du Canada, la Société de développement des entreprises culturelles du Québec (SODEC) et le Programme de crédit d'impôt pour l'édition de livres du Québec (Gestion SODEC) du soutien accordé à son programme de publication.*

ISBN 978-2-7609-3316-3

© Copyright Ottawa 2010 par Leméac Éditeur
4609, rue d'Iberville, 1er étage, Montréal (Québec) H2H 2L9
Dépôt légal – Bibliothèque et Archives nationales du Québec, 2010

*Imprimé au Canada*

*Je est un autre.*
Arthur Rimbaud

*Je suis porté disparu*
*Vous ne me reverrez plus.*
Malajube

*Chacun ses pieds dans ses pas [...]*
*Chacun ses os au cimetière*
Gaston Miron

Voilà, c'est fait, mon fils est né. Un accouchement comme tous les autres : dans les cris, les pleurs et le sang. Une révolution, en somme. Et pas vraiment tranquille… Mais une révolution à l'envers, qui aboutirait à l'installation d'un roi dans une république jusque-là plutôt pépère. Un petit tyran à l'ego hypertrophié dont les moindres caprices doivent être immédiatement satisfaits, sous peine de hurlements stridents.

Et pourtant, ce petit prince incarne le mystère d'un amour alchimique, une création parfaite, jaillie des limbes. Un geste à la fois banal et remarquable. Remarquable en ce qu'il mène à l'immortalité. Nul besoin de religion ou de croyances surnaturelles pour espérer la vie éternelle. Se prolonger soi-même, et se savoir la prolongation de ses ancêtres, c'est bien assez pour se croire immortel.

Il faut être fou pour faire apparaître quelqu'un dans un monde fou. C'est vrai.

Mais la folie du monde est bien relative. Qui aurait préféré naître parmi les esclaves de l'Empire romain, les paysans européens pendant les épidémies de peste noire ou les ouvriers américains lors de la crise des années 30 ? Oui, le monde est fou. Mais celui qui endort un enfant assourdit le vacarme de la barbarie humaine.

Ce bébé me fascine parce qu'il est vierge de toute morale. Il ne connaît pas encore la bonté, la franchise, l'intégrité, pas plus que la méchanceté, l'avarice ou l'égoïsme. Tout cela lui sera appris. Pour l'heure, c'est une page blanche à encrer, une barque à ancrer.

J'aime absolument et inconditionnellement mon fils. Au point de réorganiser toute ma vie autour de lui. Son arrivée dans mon univers est une véritable révolution copernicienne. Son nombril est le nouveau soleil autour duquel gravite ma planète. Moi qui ai longtemps cru que la vie était plate, je sais maintenant qu'elle est ronde, aussi ronde que ses joues.

C'est mon roi soleil. Le roi est né, vive le roi !

J'ai écrit le texte précédent deux mois après la naissance de mon premier enfant. Malgré les beaux discours, ça n'a pas marché comme prévu. J'aurais bien voulu être un père exemplaire et dévoué, mais ça s'est révélé au-dessus de mes forces. Littéralement. Pendant trois ans, j'ai été fourbu, impatient, irritable et carrément malheureux.

Bien sûr, devant l'infirmière du CLSC, les parents et les amis, je feignais des moments formidables. Je n'avais pas le choix. Ceux qui en avaient, ceux qui en avaient eu, ceux qui n'en avaient pas mais qui auraient aimé en avoir, bref, tout le monde m'affirmait qu'avoir un enfant c'était fantastique. Ça devait être vrai.

Désolé, mais je n'ai pas eu d'orgasme en changeant des couches. Je ne trouvais pas non plus particulièrement agréable de me faire tirer du lit en pleine nuit par des pleurs hystériques. Il paraît que les nouvelles mamans sécrètent des hormones

9

euphorisantes qui facilitent l'attachement au nouveau-né. En pilule ou en pommade, il m'en aurait fallu de ces fameuses hormones. L'égalité des sexes dans les tâches suppose l'égalité des moyens pour les accomplir.

Bénéficiant du plus généreux congé de paternité en Amérique du Nord, j'étais payé pour m'occuper de mon enfant. Le rêve de tout parent. Mais pourquoi j'ai eu l'impression de m'être fait cambrioler tout mon temps ? Compagne jalouse, ma liberté a catégoriquement refusé d'entreprendre un ménage à trois avec mon fils : elle m'a quitté comme un gars : en chien sale, sans aucune explication. Avec les couches, les lingettes, les biberons et les purées, j'étais un galérien enchaîné à mon appartement. En bonne grand-maman, ma mère me gavait de magazines *Poupon-papa* et autres *Parent Plus* dans lesquels les nouveaux pères avaient l'air tellement épanouis. Mais le bonheur, est-ce que ça se retouche sur Photoshop ?

Je m'attendais aux plus belles années de ma vie. Ce furent les pires. Malheureusement pour lui, mon fils est né dans l'œil du cyclone.

Le marais. Je ne l'avais jamais vu d'aussi près. Il semble infini. À mes pieds s'étend une tourbière qui se perd à travers des haillons de brouillard effilochés.

— La gaffe de monsieur.

Je sursaute en tournant sur ma gauche. Surgi de nulle part, un sosie de George-Étienne Cartier – dont la pâleur du teint contraste avec son nœud papillon noir jais – me tend une longue perche. Je m'en saisis machinalement, comme un vieux roi accepte son sceptre. Attiré par des sons joyeux, je me retourne un peu plus. À l'orée d'une forêt verdoyante, je distingue un pique-nique. Des enfants s'ébattent, des femmes assises s'esclaffent en faisant rouler des ombrelles sur leurs épaules, des dandys en redingote discutent et fument ostensiblement. Coiffé d'un haut-de-forme, l'un d'eux peine à propulser une draisienne avec ses bottillons. Chaque mouvement des personnages laisse une fine traînée pastel dans l'air lumineux.

— Le radeau de monsieur est avancé.

Le pseudo Cartier me rappelle à l'ordre. En m'indiquant la plateforme d'une main ouverte, il me plaque l'autre dans le creux des reins, m'invitant poliment mais fermement à embarquer. Je m'exécute en m'appuyant sur la gaffe pour conserver l'équilibre. De son soulier de cuir patiné, il pousse mon esquif avec élégance, le dos arqué, les mains sur les hanches, en laissant sa jambe tendue et son pied pointé.

— Bon voyage monsieur.

Je réponds par un sourire crispé. J'ai l'horrible conviction que ce voyage sera tout sauf agréable. Le pique-nique s'éloigne rapidement. Déjà, ce n'est plus qu'une tache lilas dissoute dans une lisière vert foncé. Figé dans son étrange arabesque, mon guide semble m'indiquer, de sa jambe, la direction à prendre. Toujours tout droit, vers un horizon mort inatteignable.

Le silence dense du marais n'est troublé que par le clapotement régulier de ma perche dans l'eau glauque.

Autour de moi, rien.

Un paysage morne, grisâtre, monotone. Encombré de lourdauds cumulus, le ciel lui-même semble fangeux.

Je vogue vers le néant avec une ardente résignation. Je persiste à pagayer même si je n'ai aucun but.

De ces trois années, il me reste un souvenir brumeux d'abattement permanent. Au début, je mettais ma lassitude et mon absence d'enthousiasme sur le compte de la fatigue des nouveaux parents. Mais il était évident que mon épuisement était dû à autre chose qu'aux biberons nocturnes.

Comme l'or en temps de crise, mon lit était devenu une valeur refuge que je ne voulais plus quitter. Non pas que j'y étais particulièrement bien, mais c'était là où ça allait le moins mal. À l'instar d'un Marat dirigeant la Révolution française de son bain, mon matelas était devenu le quartier général de mon dépérissement. La nuit, c'était le théâtre de rêves boueux et monochromes. Le jour, c'était un abri chaud et confortable qui me protégeait des agressions du monde extérieur.

Combien de fois ma douce avait tenté de m'en extraire, en me proposant une promenade au soleil, un cinéma ou un simple café. Mais je n'avais plus la force d'exister dans un monde fait de mouvements et de rapports humains. Je refusais ses projets en grommelant, rejetant rageusement la couette sur ma tête et m'agrippant à mon oreiller comme un noyé à sa bouée. Elle a fini par se tanner et me laisser macérer dans ma fange.

J'ai aussi beaucoup navigué sur le divan, errant d'un poste de télé à l'autre. J'aimais particulièrement les info-publicités débiles où un animateur surexcité vantait avec conviction les mérites d'un couteau-qui-coupe-même-les-souliers à un auditoire aussi béat qu'enthousiaste. Plus d'une fois, j'ai failli céder à la tentation de l'épluche-légumes-en-prime ou du premier-paiement-gratuit-si-vous-téléphonez-dans-les-vingt-prochaines-minutes.

J'engourdissais mon malheur dans cet univers idéal, où tout problème a comme solution un objet payable-en-plusieurs-versements-faciles-et-livré-gratuitement. Je fétichisais les doigts parfaitement manucurés de Louise-Josée Mondoux et rêvais d'ébats torrides dans un lit-vibro-masseur-inclinable-qui-fera-l'envie-de-tous. J'élaborais des scénarii déjantés dans lesquels la présentatrice et moi démontrions en direct les mérites d'une multitude de petits-appareils-très-pratiques, recyclés pour l'occasion en gadgets sexuels pour ménagères libidineuses.

Aux commandes de mon vaisseau pressurisé, je dérivais toute la journée dans le vide intersidéral du consumérisme occidental. Des jours entiers ont ainsi disparu dans le trou noir de ma vie.

Aujourd'hui : « Rien ». Ce synthétique aphorisme est de Louis XVI. Beaucoup d'exégètes de salon ont trouvé le monarque bien présomptueux d'affirmer que le calme plat régnait en France au moment de la prise de la Bastille par les sans-culottes. Il a d'ailleurs payé cher son détachement des affaires de l'État en subissant, quelques années plus tard, une opération au cou selon la méthode du docteur Guillotin.

En réalité, le bon roi décrivait dans un carnet le résultat de sa chasse à la perdrix. Dans mon cas, cette expression est à prendre au pied de la lettre. Lorsqu'on est dans le marais, il n'est pas exact de parler de dépression. La dépression implique une descente et donc, du mouvement. Par définition, le marais est plat. On y dérive lentement, au gré de mystérieux courants. Mais puisqu'on n'arrive jamais nulle part et que le décor est toujours pareil, la sensation d'immobilisme est totale.

Au début, on persiste à croire à une excursion déplaisante mais temporaire. Dans un sursaut d'humanité, on s'active encore un peu. Il y a quelques mois, j'avais encore l'énergie et la naïveté de diriger mon esquif. Qu'il est loin le temps des gestes et des projets... Je gis maintenant sur ma plateforme, comme un jouet au ressort cassé.

Bien que fourbu lorsque je me couchais, je dormais très mal. De sa grosse main moite, l'insomnie maintenait mes paupières ouvertes et me retournait sans cesse. Aux frontières du sommeil, mais sans jamais y pénétrer vraiment, je ruminais ma condition de nouveau père. Mon emprisonnement dans les obligations domestiques me faisait littéralement grincer des dents. C'est à croire que toute ma frustration passait dans mes mâchoires. Au matin, j'avais mal aux dents, comme si j'avais mastiqué du steak trop cuit toute la nuit.

J'avais toujours été un gros dormeur et tout d'un coup, quelqu'un se permettait de me voler mon sommeil. Véritable épée de Damoclès, la crainte de me faire réveiller m'empêchait de dormir. Dès que j'entendais des pleurs, mon ventre se contractait et je me raidissais dans le lit. Faisant mine de ne rien entendre, j'espérais que ma femme se lève. Me rappelant en marmonnant notre arrangement de la veille, elle me donnait des coups de coude et me traitait de père ingrat. Rageur, je m'extrayais péniblement du cocon ouaté des couvertures.

En hiver, l'appartement était frigorifique. Peinant à enfiler mon peignoir, j'avançais en tâtonnant vers la chambre du petit. Je progressais au son de ses hurlements et, inévitablement, mon pied butait contre un toutou à batterie, dont l'appartement était truffé. Le jouet maudit contenait le même mécanisme qu'une mine antipersonnel : un simple contact suffisait à le faire beugler d'une voix hystérique :

— Je m'appelle Bipo le clown ! Et toi ?

La déflagration avait fait redoubler les pleurs. On sous-estime les dégâts causés par les toutous à batterie dans le monde : ils devraient carrément être interdits par un traité international. Hors de moi, sacrant à voix basse, je bottais le jouet au bout du corridor, ce qui avait pour effet de déclencher un nouveau message :

— Tu veux jouer avec moi ?

J'arrivais dans la chambre enragé et tendu. La petite lune en plastique éclairait faiblement la couchette. Suspendu au-dessus de la porte, un serpent-dragon en peluche (si rigolo le jour) façonnait des ombres menaçantes.

Je comprenais qu'on puisse hurler en se réveillant dans un tel environnement. Dans mes bras, mon pauvre fils était exténué d'avoir trop pleuré. J'allais le bercer dans le salon à la lueur d'un réverbère. La pluie laissait de longues traînées tristes sur les vitres et, malgré tout, j'étais incapable de compassion pour mon propre bébé, pourtant si vulnérable dans la noirceur, le silence et la solitude.

Il pleut. Un crachin de plomb fondu. Curieusement, ce n'est pas si désagréable. Mon état d'esprit est en parfaite symbiose avec l'environnement. Couché sur le radeau, la tête renversée, on dirait que c'est l'eau du marais qui monte au ciel par capillarité. Un marécage sous la pluie : que voilà un parfait paysage spleenétique.

Je pense encore que Baudelaire – ce poète fondamental – aurait pu trouver un plus beau mot que « spleen » pour décrire la fameuse mélancolie qui a si bien servi son œuvre. De ce sinistre sentiment, il a extrait les plus beaux poèmes français. Un peu comme le charbon se transforme en diamant sous l'effet d'une intense pression. De toute évidence, le grand Charles a déjà canoté dans le marais lui aussi.

De deux ans à deux ans et demi, ce fut systématiquement « non ». Peut-être par osmose paternelle, la phase fédéraliste de mon garçon n'a pas duré très longtemps, Dieu merci. C'est quand même fascinant que la première étape du contrôle d'un humain sur son environnement soit le pouvoir du bâton dans les roues. On découvre très tôt la joie d'emmerder les autres en bloquant leurs projets. C'est incontournable dans le développement psychologique de tout être humain : on commence sa vie en disant non. Pas surprenant que ce soit si difficile de dire oui à l'âge adulte.

Après le non, c'est le pourquoi. Beaucoup plus riche et stimulante, cette période peut rapidement devenir éprouvante. J'essayais toujours d'aller au bout des questions de mon gars, histoire de stimuler ses apprentissages et de lui permettre de « structurer sa pensée en un réseau causal cohérent » (j'avais lu ça dans une revue de ma mère). Pour briser la chaîne d'un questionnement circulaire, j'aboutissais inévitablement à : Parce que c'est comme ça la vie. Je détestais ce raccourci paresseux de vieillard fataliste, mais il était parfois nécessaire, tant mon enfant m'ensevelissait de questions auxquelles, il est vrai, je n'avais pas toujours la réponse.

Par un après-midi de printemps, nous avions coupé par la ruelle en revenant de la garderie. Il faisait chaud et les portes arrière d'une boulangerie étaient ouvertes, embaumant l'air d'une odeur chaude de pâte sucrée. Mon petit homme s'était arrêté pour regarder des employés qui emballaient des pains à la chaîne. La dizaine de travailleurs étaient presque tous d'origine pakistanaise ou sri-lankaise. Ils trimaient dur et semblaient avoir hâte de voir finir la journée.

— Papa, je veux y aller.

Il était fasciné par le travail et voulait faire comme les grands lui aussi.

— On ne peut pas mon beau. C'est des gens qui travaillent. On ne peut pas les déranger.

— Mais pourquoi c'est juste les monsieurs noirs qui travaillent ?

Crisse de bonne question. Interloqué, j'ai mis quelque temps à répondre une banalité du genre : Tous les adultes travaillent, peu importe la couleur de leur peau. La vérité, c'est que je n'avais rien remarqué. J'avais devant moi la plus parfaite illustration des misères du prolétariat immigrant, et je m'en câlissais complètement. Avant, je me serais indigné, j'aurais imaginé des solutions. Emmuré dans mon apathie, le corps social m'indifférait complètement. Dans mon cas, c'était un symptôme inquiétant. La seule réflexion que m'inspirait ce tableau était de nature olfactive.

— Humm… Ça sent bon, hein, garçon ? Viens, on va acheter du pain.

C'est l'odeur qui me réveille. Un insupportable cocktail de guano de chauve-souris et de chair en putréfaction. Affalé sur le radeau, je tourne la tête péniblement. Le décor a changé. Je suis au milieu d'un lac circulaire. J'ai probablement dérivé jusqu'ici durant la nuit. Dans l'air embrumé du matin, de multiples masses sombres se meuvent autour de moi. Je reconnais des ptérodactyles, dont certains ont l'envergure d'un petit avion.

De couleur ocre, leur corps ressemble à celui d'un agneau tondu, prisonnier d'une toile parabolique tendue par des bras maigres. Leur minuscule crâne chauve porte un long bec dentelé comme un piolet à glace. Sans iris, leurs yeux noirs globuleux évoquent des hublots donnant sur le vide intersidéral. Ils planent plus qu'ils ne volent, sans jamais se toucher, virant habilement pour éviter un congénère.

L'escadrille produit une étrange cacophonie percussive. En se réverbérant sur les rives du lac, les multiples claquements de bec osseux engendrent un ersatz de musique arythmique et inquiétante. Quelques bêtes sont perchées sur des îlots rocheux, les ailes à demi dépliées, immobiles comme des cormorans se faisant sécher : on dirait de lugubres inukshuks. Comme j'aimerais avoir le courage d'Hercule pour terrasser ces monstrueux oiseaux. Mais je n'ai pas d'arc. En aurais-je un que je n'aurais pas la force de le bander.

Certains volatiles passent suffisamment près de moi pour que je sente de tout mon être la putrescence de leur haleine ; un sirocco gangrené, issu des profondeurs du monde ; l'odeur de la mort elle-même. Ils ne sont pas agressifs, mais tournoient autour de moi comme des centaines de deltaplanes manœuvrés par des pilotes catatoniques. Leurs milliers d'ailes membraneuses obscurcissent la grisaille d'un ciel déjà bas. Je viens à peine de me réveiller et il fait presque nuit. Écrasé par une immense mélancolie, je me recroqueville en une spirale de souffrance crispée.

Manifestement, ce sera une mauvaise journée.

Le seul sourire de la journée, c'est mon gars qui parvenait à me l'arracher, lorsque j'allais le chercher à la garderie. Je prenais plaisir à m'embusquer pour le regarder jouer. Je serais resté des heures à épier ce petit renard gambadant, au verbe vif et curieux. Mon fils. Soudain, il m'apercevait. Interrompant toute activité, son visage s'illuminait et il s'élançait à ma rencontre, souvent en bousculant ses camarades. Rien n'aurait pu l'empêcher de me rejoindre. Dans ces moments, j'étais submergé d'un amour pur, presque trop grand pour moi, comme une vague géante qui s'abat sur un surfeur.

— Papa !

Mon fils ! J'aurais tellement aimé être à la hauteur de son amour. Mais j'étais trop fatigué. Quand mes batteries étaient complètement à plat, je posais mes lèvres sur sa tête pour aspirer un peu de sa vitalité. Véritable pile au dessus cuivré, son énergie était propre (du moins, depuis qu'il allait aux toilettes) et inépuisable. Je suis sûr qu'il aurait pu me recharger comme un vieux char si on avait relié nos nombrils avec un câble coaxial.

J'adorais aussi le dévorer (métaphoriquement, bien sûr). Tous les parents font ça, avec plus ou moins de culpabilité. Ce désir fusionnel absolu est excusé par la puissance de l'amour. Mais cette allégorie de cannibalisme révèle plutôt une pathologie digne des mythes grecs les plus tragiques. En sacrifiant leur énergie et leur beauté pour assurer leur descendance, les parents prennent conscience de leur statut de mortels vieillissants. Ingérant symboliquement la chair de leur chair, ils espèrent au fond repousser la mort.

Je me souviens d'un matin, dans la cuisine mordorée par un soleil d'octobre. Je barbouillais de baisers le visage de mon garçon.

— Je vais manger ton nez ! Je vais manger tes joues ! Je vais manger tes yeux ! Je vais manger ta bouche !

Son rire étendait un onguent sur les plaies de ma mélancolie. Brusquement, il est devenu sérieux. D'un geste solennel, regardant gravement devant lui, il a fait mine de dérouler vers le haut une pellicule devant sa face. Intrigué, j'ai craint que quelque chose n'aille pas.

— Qu'est-ce que tu fais, mon petit Tchou Tchou?

Je le cite dans le texte :

— Je replace mon visage, parce que tu l'as mangé.

La beauté de son geste a fendu ma cuirasse. Je l'ai serré contre moi en silence, enfouissant mes yeux dans la courbe de son cou pour ne pas pleurer. J'avais un fils grandiose, pourquoi est-ce que j'étais incapable d'être heureux?

— Papa, pourquoi tu pleures? Pleure pas, papa, je suis là.

Il me regardait, un peu inquiet de voir son père s'effondrer, mais avec la conscience qu'il devait se maîtriser pour me consoler. Il me tapait doucement dans le dos avec sa petite main.

— Pourquoi tu pleures, papa?

— C'est pas grave, mon grand. C'est mes allergies.

— C'est quoi des allerzies?

— A-ller-gies. C'est des poussières qui piquent les yeux et le nez. On peut être allergique à toutes sortes de choses. Aux chats, aux fleurs, aux noix. Ton ami Robin, lui, est allergique aux graines de sésame.

— C'est pour ça qu'on ne peut pas apporter de bagels à la garderie?

— Oui mon Tithomme.

— Mais toi, à quoi t'es allergique?

— Je le sais pas mon beau. Peut-être au bonheur… Allez, va t'habiller, on s'en va à la garderie.

L'eau du marais est grisâtre et empeste le soufre. À chaque propulsion, ma gaule agite des plantes aquatiques filamenteuses. On dirait des cheveux de noyés. Depuis plusieurs jours, je n'ai plus aucun repère visuel. Je suis au milieu de nulle part. Autour de moi s'étend un horizon infini.

Tout cet espace m'apaise. Je ne ressens presque plus rien, comme si mes émotions étaient anesthésiées par la solitude. Ici, rien ne me dérange, personne ne cherche à entrer en contact avec moi. Je n'ai pas de relation à établir, pas de problèmes à résoudre. La totale sérénité.

Probablement parce que ma tête était terriblement encombrée, j'aspirais à un environnement dépouillé au possible. J'avais développé une véritable hantise de me faire écraser par la matière. Devant mon désir d'habiter un appartement épuré, blanc et silencieux, ma femme m'avait fait remarquer qu'il y avait des logements de ce type à l'institut Pinel, dont le loyer était entièrement subventionné par le gouvernement.

Avec ma femme, c'était l'enfer. Le plus petit objet qui entrait dans l'appartement était soumis à des séances de négociations qui se terminaient généralement en crises de plus en plus intenses. Je promulguais unilatéralement des règlements du genre : Si tu rentres un toutou, t'en sors un. Ma fixation était nourrie par l'attachement excessif que mon épouse vouait aux objets de son passé. Je me souviens d'avoir déménagé une caisse poussiéreuse qui contenait les notes d'un cours d'histoire au cégep.

— Tu sais, on a Internet maintenant. C'est-tu vraiment nécessaire de conserver « L'évolution des prix du boisseau de blé en Nouvelle-France » ? Débarrasse-toi de ça. Tu perdras pas tes souvenirs parce que tu jettes des cahiers.

— Je le sais, mais je m'étais vraiment appliquée pour prendre des notes et ça peut toujours être utile pour un scénario. On mettra ça au chalet.

Le chalet était devenu le musée Mimi. Un bric-à-brac d'aquarelles peintes par feu sa mère, de poupées sans tête, de vêtements fluo rescapés des années 1980, de photos de famille et de vieux *Archie*. Je comprenais parfaitement la dimension affective reliant les souvenirs d'enfance à ces babioles, mais à mon avis, l'incapacité de s'en détacher relevait d'une insécurité maladive. Mais qui étais-je pour donner des leçons de santé mentale ?

Qu'on accumule des cochonneries inutiles au chalet, fort bien. Mais je ne supportais plus l'envahissement des possessions dans ma maison. Comme un gardien de prison, je surveillais tout ce qui entrait chez nous, à tel point que ma femme en était rendue à acheter en cachette des vêtements pour le petit homme. J'étais aussi obsédé par les portes et les lumières à fermer.

Je pouvais exploser à tout instant pour une lumière de garde-robe restée ouverte plus de cinq minutes. Je me fendais alors d'une psychanalyse délirante qui en révélait beaucoup plus sur mes propres abîmes que sur ceux de ma femme.

— Les lumières! C'est quoi l'idée de laisser toutes les crisse de lumières allumées tout le temps? On dirait un enfant de quatre ans qui a peur du noir! Vieillis, estie! Câlisse que t'as la tête dure! Combien de fois faut te le dire avant que tu les farmes, les lumières? T'as vraiment de la misère à apprendre, toi! Ça devait être beau à l'école! Je le sais que t'as mal aux poignets, mais c'est-tu si dur que ça de baisser une switch?

Cette fois, c'était la lumière. Mais ça pouvait être des bottes ou un sac qui traînaient dans l'entrée, la vaisselle pas faite ou un tas de linge sale dans la chambre. Tapi en embuscade, je n'attendais qu'un prétexte pour lui tomber dessus. C'était comme un syndrome de Gilles de la Tourette, je n'étais pas maître de mon discours. Ça sortait tout seul, comme si quelque lutin malfaisant était aux commandes dans ma tête.

Ma douce était faite solide, mais la fréquence de mes assauts avait eu raison de ses protections et je réussissais presque à tout coup à la faire craquer.

— T'es un monstre ! Pourquoi tu me fais ça ? Je t'ai rien fait, moi ! Je t'aime ! À tous les jours j'ai mal au ventre parce que j'ai peur du loup-garou. Yé où, le gars souriant et drôle que j'ai marié ? Ramenez-moi-le quelqu'un, parce que celui-là j'en veux plus !

Peu à peu, je revenais à moi-même. En meurtrier fou qui aperçoit la lame ensanglantée de son couteau, je constatais les dégâts autour de moi, hébété, incrédule et plein de remords. Affalée dans un coin comme un pantin sans ficelles, elle sanglotait, épuisée, brisée. Il faudrait plusieurs jours pour que nos relations se normalisent. Jusqu'à la prochaine facture pas payée.

Ça va mieux ce matin. Fort d'une énergie inespérée, j'ai repris ma perche et j'avironne avec vigueur. Il me semble que le paysage change. Moins d'eau, plus d'îlots de roseaux que je dois contourner. L'action physique me fait du bien, car avec elle vient l'activité de l'esprit. Il faut évaluer la vitesse, tracer le trajet et calculer le parcours. Penser et agir. J'avais oublié à quel point ça fait du bien.

L'eau est agitée de vagues dont l'amplitude augmente à mesure que je progresse. Fébrile devant ce mouvement, je brûle d'en découvrir la source et j'augmente la cadence. Les pieds solidement plantés sur le radeau, arc-bouté sur mon bâton, je me propulse avec l'énergie du draveur au cœur d'un rapide. Occupé à combattre le courant, je ne vois pas tout de suite l'immense créature qui se débat à quelques centaines de mètres devant moi. Une silhouette massive, affublée de longs tentacules, s'agite furieusement et chacun de ses gestes déchiquette des filaments de brouillard. Ses terribles hurlements de colère se mêlent au tumulte des eaux. Je devrais fuir, et pourtant je m'active encore plus, pris d'une irrésistible frénésie à l'idée de voir la chose de plus près.

C'est une hydre! Une créature surgie des plus sombres pages mythologiques. Un corps géant, de la taille d'un rorqual, monté sur quatre pattes grosses comme des troncs et terminé d'une queue puissante et agile. Ses multiples têtes ont quelque chose d'horriblement familier. Elles bougent tant que je ne peux les compter. Plusieurs dizaines, certainement. La bête est en furie, luttant contre un ennemi invisible. Le chœur de ses gueules produit un boucan composé de rugissements caverneux et de feulements suraigus.

Je dois déployer tous mes talents de canoteur pour progresser dans ce maelström déchaîné. J'ai posé un genou sur la plateforme et je manie ma gaffe avec la dextérité d'un Radisson. Je suis maintenant à une dizaine de mètres du corps. Quelques têtes fouettent l'air au-dessus de la mienne.

Soudain, tout se pétrifie, comme dans une BD. Chaque scène est tracée au plomb, à la manière minimaliste et dynamique des mangas. La première image est un gros plan de l'une des têtes du monstre. Au bout d'un long cou vert-de-gris, c'est mon propre visage que je vois ! Ma gueule brisée par le désarroi, surmontée de cheveux figés dans leur mouvement et qui me font une couronne d'épines. Deuxième case : mon faciès tordu dans un rictus de douleur. Troisième case : ma face délayée dans les larmes. Quatrième case : ma bouche hachurée par la haine. Cinquième case : mes yeux paniqués comme ceux d'un chevreuil dans les phares d'une auto…

Les mille visages de ma souffrance, je les regarde enfin en face. Je ne souhaite à personne de se voir si hideux. Le dernier dessin montre la queue du monstre, lancée vers moi comme un fouet titanesque dans un geyser d'éclaboussures.

Le choc me ramène au réel. Tout va très vite. Mon radeau bascule. J'aperçois l'hydre cabrée comme un bronco triomphant, avec mes cent têtes hurlant de rire à l'unisson. Je culbute dans le remous. Un djinn aquatique veut m'entraîner dans les profondeurs du tourbillon. Un corps à corps inégal s'engage contre un adversaire informe mais d'une puissance inouïe. Secoué en tous sens, je suis malaxé par le courant jusqu'à en perdre tout repère.

Finalement, le rapide me recrache à la surface.

Exténué, je peine à reprendre mon souffle. J'ai dans la bouche le goût infect du marais. Encore agrippé à ma perche, je me laisse dériver sur le dos. Tout est calme. Aucune trace de l'hydre. J'aperçois mon radeau échoué dans un amas de joncs. Je le rejoins en barbotant laborieusement et m'y écroule dans un sommeil sans rêves.

Ce fut une dure journée.

Il faisait toujours affreusement beau quand on allait chez la psychologue de couple. J'aurais tellement voulu profiter du soleil, mais j'étais nerveux comme si j'allais me faire arracher des dents. Et pour cause. À bout de ressources, ma mie m'avait intimé : C'est la psy ou je décrisse. Ça laisse peu de marge de manœuvre. On jouait carrément notre couple et on le savait tous les deux. On s'y rendait toujours dans un silence pesant et solennel. S'il fallait sombrer, ce serait avec la dignité des musiciens du Titanic, qui avaient persisté à jouer jusqu'aux derniers instants du naufrage.

La psychologue de couple se terrait dans un quartier cossu et tranquille. Les maisons transpiraient la quiétude et la réussite. Tout ça me semblait étrange, trop beau, trop placé, comme dans une publicité d'assurances. Mais derrière les façades impeccables et les haies taillées comme des barbes de juges, combien de drames, de malheurs et de larmes. En somme (j'en sais maintenant un bout là-dessus), la véritable nature des hommes est contenue dans leur pharmacie, pas dans leur garde-robe ou leur garage. Valium, Xanax et Vicodin en révèlent beaucoup plus sur l'âme humaine que Vuitton, Cartier et Lexus.

On trouvait toujours un stationnement en face de la somptueuse maison victorienne. Il faisait chaud mais pas trop. Agitées par la brise, les branches faisaient danser des taches d'ombre sur toutes choses. Comme dans un vieux film en noir et blanc. J'étais un spectateur de plus en plus distant de ma propre existence. J'avais de moins en moins l'impression d'appartenir à ce monde.

On empruntait l'allée fraîchement gou-dronnée en se tenant par la main. On se souriait sans rien dire. Nous avions la beauté tragique d'un couple de chrétiens pénétrant dans une arène romaine. Il fallait s'annoncer en sonnant, avant d'entrer dans un coquet vestibule. De là, on gagnait une petite salle d'attente, une sorte de sas entre la vraie vie et l'univers de la psychologie.

Pensé pour apaiser, l'aménagement m'irritait par son souci du détail. À gauche de ma chaise se trouvait une sculpture informe en verre orangé, probablement payée une fortune au Salon des métiers d'art. Sur le mur devant moi, je contemplais un pic enneigé sur fond de ciel azur. La moquette était immaculée. Le beige du mur s'accordait parfaitement avec la teinte sombre des boiseries. La lumière filtrait discrètement par un petit vitrail. Bref, tout était parfait.

— Aimerais-tu ça aller dans les Alpes?

— Hein? (Je revenais de loin. La voix de ma douce m'avait tiré d'une brume épaisse.) Euh, oui, oui.

— On pourrait y aller avec le petit homme l'été prochain. Le père de Dubuc a encore sa maison en Suisse. Il nous a souvent invités.

— Ouain… C'est cher, la Suisse…

Des projets... J'étais incapable de m'imaginer dans une heure et on me demandait de planifier des vacances familiales dans un an. Tout simplement impossible.


Je commençais à trouver qu'on attendait un peu trop longtemps et j'espérais qu'on se soit trompés de jour pour pouvoir m'en aller au plus vite. Malheureusement, la porte s'est ouverte et la psychologue de couple est apparue.

C'était une vieille Scandinave efflanquée, perdue dans une espèce de poncho en lin, dont la vaste échancrure laissait entrevoir des seins secs comme des pruneaux. Ses petites lunettes teintées lui donnaient un air d'Anne Hébert dans sa période parisienne. Aucune phéromone de sexualité n'émanait de cette femme. Tant mieux. Je n'allais pas commencer à fantasmer sur la thérapeute en essayant de sauver mon couple.

— Bonjour, je suis Inge Holberg. Suivez-moi, s'il vous plaît.

Nous avons déambulé silencieusement à sa suite, dans un dédale de portes et de corridors, avant d'entrer dans une petite pièce. Je me suis affalé dans un récamier, mon épouse s'est posé le bout des fesses sur une chaise. Elle piaffait d'impatience à l'idée de commencer son réquisitoire. Pour ma part, je ne savais pas trop comment agir. La psychologue de couple nous observait avec une bienveillance maternaliste qui me râpait déjà les rognons. Elle a pris un calepin et un stylo. Amplifiés par les larges manches de sa tunique, ses gestes étaient ostentatoirement lents et fluides, comme pour nous rappeler à quel point nous étions tendus.

— Alors, dit-elle en nous regardant alternativement, pourquoi êtes-vous ici? (Sa voix était frêle avec un fort accent viking.)

C'est le signal qu'attendait mon amour pour déballer son sac. Son témoignage était structuré, étoffé, avec juste assez d'émotion pour ébranler le jury.

— Ça ne va plus du tout. Il est toujours fatigué. Il n'a plus le goût de rien. On dirait qu'il n'est plus avec nous autres. Et quand il est là, il se fâche pour des niaiseries et me tombe dessus alors que je n'ai rien fait. Avec notre garçon, il n'a aucune patience, il ne veut jamais rien faire avec lui. Moi je veux bien l'aider parce que je l'aime, mais il ne veut rien savoir. Je suis à boutte. Je ne peux plus continuer, il va me briser. En plus, il…

— Un instant.

La psychologue de couple l'avait interrompue en levant sa main. Elle se tourna vers moi.

— Comment recevez-vous ce que votre femme dit de vous?

J'avais tenté une défense minable, en justifiant mes sautes d'humeur par le fait qu'elle laissait traîner ses vêtements et que j'aspirais à l'espace. J'ai fini par tout avouer.

— Elle a raison.

Dans l'espoir d'obtenir une réduction de peine, mieux valait plaider coupable à tous les chefs d'accusation.

— Je le sais que je suis minable, mais je ne fais pas exprès.

Comment expliquer que des ptérodactyles tournaient dans ma tête et que je devais combattre des hydres sans qu'on allonge immédiatement les manches de mon chandail pour me les nouer dans le dos?

Oui, j'essaierais d'être plus gentil et de contrôler mon impatience. Après la contrition venait la sentence, sous forme d'exercices débiles.

— Quand vous sentez venir en vous le loup-garou, pensez à l'amour que vous avez pour votre femme. Rappelez-vous les beaux moments de votre voyage de noces en Corse et respirez bien.

Évidemment, deux semaines plus tard, tout était à recommencer. J'ai enduré quatre séances avant d'abdiquer. Je savais que c'était bon pour ma chérie de confier ses malheurs à une oreille neutre, mais cette mascarade behavioriste me coûtait quand même cent vingt dollars de l'heure. À chaque fois que je lui tendais son chèque, la psychologue de couple arborait un sourire de Joconde. Je pouvais lire sa pensée aussi clairement qu'un texto : Merci monsieur Ducon, c'est avec tes problèmes que je meuble ma maison (LOL). Et à chaque fois, je regrettais de ne pas avoir investi cet argent aux danseuses.

Au début, j'ai cru à un mirage auditif. Je me redresse sur les coudes pour tendre l'oreille. Je ne délire pas, j'entends bel et bien un rythme de darbouka et une mélopée de flûte orientale. Le son se rapproche ou, plutôt, ma barge se dirige vers lui. En étirant le cou pour mieux entendre, j'aperçois mon reflet dans l'eau. Quel choc. Je ne me doutais pas à quel point j'avais dépéri. Mon visage émacié est comprimé dans un étau de cheveux sales. Dissimulée derrière une barbe hirsute et blanchie, ma figure est burinée de fatigue. Pour l'empêcher de trembler, j'ai pincé ma bouche en un rictus buté. Mes yeux surtout me terrifient. Ils vacillent dangereusement, comme des chevaux prêts à s'emballer, mais retenus à grand-peine par le cocher.

Ma réflexion dans l'eau sombre encombrée d'algues me rappelle un saisissant autoportrait de Van Gogh. Une tête rousse de renard traqué, dévorée par un incendie de spirales violacées. Encore là, des yeux qui révèlent à la fois la profondeur du gouffre et le refus d'y sombrer. Cette volonté du peintre de ne pas céder à la folie m'est toujours apparue comme un acte d'une grande dignité. Au final, la dignité demeure l'enjeu principal d'une vie humaine. Quand tout est perdu, tout juste avant d'être avalé dans le grand vortex, il ne reste qu'elle comme ultime et dérisoire garde-fou.

Fasciné par ma déchéance, je n'ai pas remarqué mon accostage sur un îlot où semble m'attendre un trio déroutant. Coiffé d'un bonnet pachtoun, un joueur de darbouka (défiguré par une cicatrice qui lui coud verticalement une paupière) s'active avec énergie. Son acolyte, un vieillard sémite à longue barbe, déplace avec dextérité ses doigts arthritiques sur un pipeau au timbre nasillard. Devant les deux musiciens, une danseuse de baladi ondoie gracieusement en me fixant avec gravité.

Elle est entièrement nue, hormis un niqab diaphane qui filtre la sévérité de ses traits, des brassards en bronze enroulés sur ses biceps musculeux et une ceinture de piécettes scintillantes qui tintinnabulent à chaque ondulation de son bassin, qu'on dirait animé d'une vie propre. Les élégantes arabesques de ses bras révèlent des poignets de ballerine et des épaules de nageuse.

Au moment où elle dépose un pied minuscule sur mon radeau, les nuages s'écarquillent et le soleil apparaît dans ce vasistas céleste. Couché sur le dos, aveuglé, je contemple la beauté en contre-plongée. Ses jambes interminables forment un point de fuite vers des seins pleins comme des pamplemousses, qui réfutent à eux seuls toute l'œuvre de Newton. J'élève un index que je voudrais autoritaire, mais qui retombe mollement lorsqu'elle m'enjambe comme une vulgaire moto.

— Madame, euh… je…

Mon ébauche de protestation se perd en borborygmes peu convaincants. Devant tant de courbes, le combat est perdu d'avance et tout le monde le sait. Elle s'agenouille sur moi pour que nos bassins s'apprivoisent. Creusant le dos, elle avance sa poitrine dans l'espace. Je réfugie mon visage entre ses seins et ma détresse se dissout dans la chaleur de sa chair. Subjugué par la masse et le volume de ses sphères isomorphes, je prends soudain goût à la géométrie appliquée.

Lorsque je les presse l'une contre l'autre, un abysse insondable apparaît. En les étirant, je façonne deux doux obus. En les comprimant contre le torse, je pétris une pâte souple. Les possibilités de manipulation sont illimitées.

Je ne regimbe aucunement quand, dégainant ma dague, elle s'empale littéralement dessus dans un cliquetis métallique. Enfin, le plaisir ! Sa peau est douce comme le sable du Kalahari et la cambrure de sa croupe a la perfection d'une dune. La musique s'éloigne, signe que le radeau s'est remis en marche. Pour la première fois depuis longtemps, je me sens bien. Un vent frais a nettoyé la brume. Le soleil me chauffe. Mon corps bouge avec souplesse. Mon esprit est clair et je jouis par tous mes pores. J'ai soif, j'ai faim, j'ai envie.

Au fond de ses yeux noirs, je distingue des images de galaxies tourbillonnantes et de collisions stellaires. Elle, amazone, et moi, centaure, nous chevauchons dans un ciel zodiacal. À dos de comète, nous filons hors de notre monde, là où le temps n'existe pas encore. Nous croisons des titans cosmogoniques qui martèlent de la lumière sur des enclumes planétaires. Notre course s'accélère jusqu'à ce que nos corps célestes fusionnent en un point d'une clarté infinie. Nous sommes l'origine d'un univers en expansion.

J'émerge lentement. Il me faut un certain temps avant de revenir en moi. Langoureux et détendu, j'arbore un sourire de conquérant. Avant qu'elle ne soit totalement absorbée par la brume, j'ai le temps de la voir une dernière fois : ma zen amazone, ma gazelle galactique, mon dessert du désert.

Assise sur un tapis volant dirigé par le flûtiste et le darboukiste, elle s'éloigne en me tournant le dos, glissant silencieusement au-dessus du marais.

Le pire, c'est quand il fallait sortir.

— Es-tu prêt, Bibi?

S'assoyant sur le lit en me flattant tendrement, ma femme m'avait abordé avec toute la douceur et la prudence d'un vétérinaire au chevet d'un fauve blessé.

— Prêt pour quoi?

— Le père Noël à la garderie. Il arrive à quatre heures. On a quinze minutes. Allez, habille-toi.

Crisse, le père Noël... Un vieux barbu pédophile: la dernière chose que je voulais voir.

— Humm... pas le goût... Vas-y, toi.

— Mais non. Tithomme avait tellement hâte. Allez, viens, ça va être drôle. Habille-toi, je t'attends dans l'auto.

Ça ne serait pas drôle du tout, mais il fallait que j'y aille. Pour mon gars. Pour ma femme. Pour les éducatrices, ces saintes sous-payées qui persistaient à entretenir la magie de Noël alors que le monde s'entretuait en Afghanistan.

Dans le char, il faisait froid et je n'ai pas dit un mot durant tout le trajet. J'aurais voulu retourner dans la chaleur du lit et la noirceur de ma chambre. À la garderie, c'était encore pire que ce que j'avais imaginé. Une odeur aigre de sueur d'enfants et de vieille bouffe m'a assailli immédiatement. Les néons étaient trop forts et rendaient tout le monde blafard (je n'osais même pas imaginer la phosphorescence de mon propre teint). Le local exigu était rempli comme un enclos d'élevage porcin. Ça criait et ça courait partout. Tout le monde avait l'air heureux, sauf un enfant qui hurlait, terrorisé devant l'immense monsieur au costume rouge sang. Comme je te comprends mon grand. Moi aussi je veux m'en aller.

Mais il fallait sourire et se rappeler les noms de tout le monde. *Oui, il est grand pour son âge… Xavier aussi parle très bien… Ma mère a un oncle roux, ça doit venir de là. Ou du facteur, ha, ha… Ça va bien, merci… En ce moment, pas grand-chose, j'écris…*

Bon, la photo et les cadeaux, qu'on en finisse. Au moins, mon gars semblait s'amuser. C'est lui qui est venu me chercher pour la photo. C'était mieux que l'année passée où il était resté pendu à moi comme un petit primate en fixant sévèrement le gros homme.

Celui de cette année était bien. Sous ses postiches et son habit usé, le pauvre crevait de chaleur. C'était sa quatrième garderie aujourd'hui. Quel sacerdoce : terrifier les enfants ou se faire considérer par eux comme un guichet à bébelles. Il aurait mérité une bière sur-le-champ.

On a pris la photo, la mascotte de Coca Cola, ma femme, mon fils et moi. Mon sourire avait presque l'air sincère. C'était la perspective de quitter ce lieu rapidement qui me rendait heureux. *Joyeux Noël tout le monde, à l'année prochaine!* Vivement qu'elle se termine, cette année de cul, ou – comme dirait la Reine – cette *annus horribilis*.

Pas un son. Tout dans le marais s'engourdit dans le froid et moi aussi. La brume elle-même semble se figer en longues filandres glacées. Jaunis et desséchés comme des os, les joncs sont fleuris de frimas.

On dort mal sur le radeau. Chaque jour je me réveille plus fatigué que la veille. J'ai toujours dans la bouche cette putride saveur de tourbe avariée. Je ne sais même plus ce que goûte mon rire. Il fait froid et j'ai la tête vide comme un frigo à la fin du mois.

J'ai constaté la gravité de mon état en réalisant que je n'avais plus d'amis. D'ordinaire assez grégaire et mondain, je ne me souvenais plus de la dernière fois où j'avais eu du plaisir avec les potes. Soupers, fêtes, spectacles, fins de semaine au chalet, pique-niques, ce n'étaient pas les occasions de ripaille qui manquaient. Mais je les déclinais de plus en plus fréquemment avec des excuses de moins en moins crédibles. L'afficheur me fut d'un grand secours. J'avais placé le téléphone à côté du lit et, dès qu'il sonnait, je regardais l'écran. Si c'était un ami, je ne répondais pas. Les messages d'invitation s'accumulaient. Graduellement, il y eut moins de messages et moins de propositions. Moins d'amarres avec le monde réel. Tant mieux.

Il fallait quand même que je parle à mes parents, surtout à ma mère, que je savais inquiète de ma situation. Je la rappelais toujours dans mes moins pires moments, mais la lassitude de ma voix et mon absence de conversation trahissaient mon mal-être. Je savais qu'elle savait que ça n'allait pas et elle savait que je savais qu'elle savait. Même au téléphone, le radar maternel peut détecter le malheur filial. Elle tentait bien d'ouvrir l'huître, mais je refusais d'exposer les écorchures de ma nacre.

Entre deux sodomies, Donatien Alphonse François de Sade a forgé le néologisme « isolisme » pour qualifier la solitude involontaire et malsaine. Non pas la solitude contemplative du marcheur en forêt, ni celle des moines trappistes dans leur cloître. Plutôt celle des handicapés, des vieux et des itinérants. Celle qui s'installe dans les replis du cerveau comme une moisissure toxique, oxydant peu à peu l'humanité de ceux qui la subissent. Celle qui creuse des douves, érige des remparts et maçonne des cachots. Celle qui fait voir le monde à travers des meurtrières. Celle qui fait marmonner chaque pensée, avant de faire carrément délirer à voix haute.

Le marais a ça de bien qu'on n'y croise pas grand monde. Autant pour m'exercer (si jamais on me demande comment ça va) que pour me convaincre, je répète à voix basse du bout des lèvres :

— Ça va bien… Moi, ça va très bien… Ces temps-ci, ça va vraiment bien… Ça va super bien… Ça fait longtemps que j'ai pas été bien de même… Ça pourrait pas aller mieux… Ça va pas pire pantoute… J'te l'dis, ça va cinq étoiles…

Les digues ont cédé et la folie coule dans ma tête. Comme un vin chaud réconfortant. Ça ne servait plus à rien de colmater les brèches : trop de fissures dans le crâne. Avec le temps, l'isolisme finit par lézarder la façade de la raison. Jusqu'à ce que l'édifice s'effondre en un tumulus poussiéreux.

Tout est gelé. Le marais emprisonne le radeau dans ses mâchoires de glace. Raidis par le givre, mes vêtements et mes cheveux sont collés aux planches de la plateforme. Plus aucune possibilité de mouvement.

La conduite urbaine est une source de stress non négligeable pour le Nord-Américain moyen. Quand on y pense, l'automobile est en fait un cachot auquel on est littéralement sanglé et duquel nul ne peut s'échapper. Pas surprenant que ce soit un endroit propice aux crises de toutes sortes.

Dans mon cas, la bagnole se transformait en salle de torture où l'on m'imposait les *Ritournelles pour la maternelle*, un maléfique CD que mon fils avait reçu en cadeau. Les disques pour enfants ont ceci de déplaisant qu'ils sont invariablement chantés par des voix suraiguës (à la limite des ultrasons) avec des tics d'élocution infantilisants insupportables. Comme un malheur ne vient jamais seul, les enfants les adorent et peuvent écouter en boucle leurs mélodies accrocheuses et leurs paroles abrutissantes. On peut vraiment devenir fou à écouter « Pinpin le lapin » ou « Mes amis les légumes ». Dans la prison d'Abou Graïb, on dit que l'armée états-unienne finissait par faire craquer les prisonniers iraquiens avec Metallica. Croyez-moi, Shilvi ou Annie Brocoli auraient fait le travail beaucoup plus rapidement.

— Papa, je veux écouter « Le chameau ».

Dieu sait pourquoi, le petit homme s'était entiché de cette chanson scoute reprise sur un mode arabisant. Évidemment, la requête survenait toujours quelque part sur le boulevard Métropolitain, alors que le flot du trafic était totalement coagulé.

— Euh, on est presque arrivés, mon beau. Oh, regarde le camion de pompier ! (Je tentais en vain de faire diversion.)

— Je veux écouter « Le chameau ». (La voix commençait à lyrer, ce qui n'annonçait rien de bon.)

— Mets-y donc sa chanson. Je l'aime, moi aussi.

Avant que je n'aie eu le temps de protester, ma femme avait mis le disque et chantait à tue-tête :

— Perdu dans le désert immense, l'infortuné Bédouin, douin-douin-douin-douin ! N'irait pas loin, loin-loin-loin-loin !

— Est-ce qu'on est vraiment obligés de chanter en plus ?

J'avais parlé d'une voix sourde et menaçante, qui n'admettait aucun humour.

Ma femme avait eu la décence de se taire sur-le-champ. Peut-être avait-elle remarqué mes jointures agrippant le volant comme des serres. Le chameau transportait maintenant des tapis et des dattes, alors que l'auto n'avait pas avancé d'un pouce. Les rivets de ma raison commençaient à lâcher un par un.

— Enweille, tabarnak !

Je m'adressais en postillonnant dans le pare-brise à un camion-citerne immobile devant moi. Il n'y avait plus rien de drôle et tout le monde dans l'habitacle sentait la tension à couper à la hache. Et toujours cette chanson qui aurait pu faire disjoncter le dalaï-lama lui-même.

— Bon, ça suffit l'estie de chameau !

J'avais frappé la commande du poing pour interrompre la lecture du CD. En même temps qu'il avait éteint la musique, le bouton avait aussi déclenché les pleurs de mon fils, comme si les circuits étaient reliés.

— … veux …couter le sameau !

Dilués dans les larmes, les mots étaient à peine compréhensibles. J'avais l'impression de me faire passer les oreilles dans un banc de scie. Évidemment, nous étions dans la voie-qui-n'avançait-pas et je voulais prendre celle de droite, mais la manœuvre était délicate.

— Arrête de pleurer !!!

Évidemment, les pleurs avaient redoublé. Mon épouse était intervenue, avec sa patience habituelle.

— Ça va mon beau loup. Pleure pas. Papa n'est pas fâché contre toi.

Je n'étais plus maître de moi et je criais n'importe quoi :

— Papa est fâché contre le chameau pis le gros colon qui le laisse pas passer ! Enweille, crisse !

— Mets-y donc sa chanson. Ça va le calmer.

J'étais piégé entre Charybde et Scylla. C'était « Le chameau » ou les hurlements du petit. Ma femme avait vu juste : sitôt « Le chameau » en route, le calme est revenu dans l'auto. Mais à quel prix. Les fusibles de ma santé mentale étaient tous grillés. Je regardais fixement vers l'avant et je répétais ce mantra à voix basse :

— J't'écœuré. J't'écœuré. J't'écœuré. J't'écœuré. J't'écœuré...

Visiblement, ma chérie était inquiète de me voir marmonner comme un pentecôtiste et elle avait raison. Ça n'allait plus du tout.

J'ignore combien de temps a duré mon hibernation, mais il fait chaud, vraiment chaud. Le paysage s'est assombri. Du crayon de plomb, il est passé à l'encre de Chine. Le marais aussi a changé. La multitude de ses courants alimente maintenant le flot d'un seul cours d'eau. Pour la première fois, j'ai l'impression d'aller quelque part, qu'il y a un but à mon trajet. Devant moi, la lourde silhouette d'une montagne barre l'horizon. Serait-ce la fin du marais?

Je me réjouis à l'idée de quitter le néant fangeux, mais le nouvel environnement n'a rien pour me rassurer. Je pataugeais dans le spleen, je me débats maintenant dans l'inquiétude. C'est Schopenhauer qui avait raison. Beaucoup moins lubrique que Sade, le vieux grognon nihiliste (les mauvaises langues chuchotent qu'il était aussi impuissant) a prétendu que la vie est un pendule qui oscille entre la souffrance et l'ennui. Pour avoir si bien résumé ma situation, il mériterait l'érection de sa statue à l'orée du marais.

Le débit s'accélère et il paraît évident que je me dirige tout droit vers l'immense paroi rocheuse, qui occupe presque tout mon champ de vision. Il fait quasiment nuit et je vois mal ce qui m'attend. Pour éviter de céder aux sirènes de la panique, je puise en moi une maîtrise que je ne me soupçonnais pas. Couché en étoile, je m'accroche fermement au radeau. De plus en plus tumultueux, le courant me pousse dans l'entonnoir d'un gigantesque tunnel creusé à même le roc. Sitôt à l'intérieur, c'est le noir total. Comme seules sensations, il me reste la vitesse, l'odeur de pourriture des planches du radeau et le grondement du rapide se réverbérant sur la roche.

Tout ça me terrifie, mais je ne peux rien faire pour améliorer mon sort. Une tache plus claire s'agrandit devant moi et je débouche finalement de l'autre côté. Toujours cette luminosité entre chien et loup. Sur la rive gauche, je longe le contrefort d'une chaîne de montagnes dont le roc ressemble à de la lave durcie et crevassée. À ma droite s'étend une plaine grisâtre. Libéré de sa gaine rocheuse, le fleuve a maintenant le débit d'une rivière tranquille. Large d'une cinquantaine de mètres, son eau est noire comme du goudron.

Le ciel aussi est opaque, sans nuages et sans étoiles. Entre la masse de la montagne et l'immensité de la plaine, j'ai l'impression d'être insignifiant (dépourvu de sens). Je suis à la dérive dans un paysage de fin du monde. Non pas une fin temporelle, mais spatiale, comme si j'étais parvenu à une extrémité du monde. C'est donc ici que ça se termine.

Lire le journal me démoralisait profondément. Je prenais tout le poids du Québec sur mes frêles épaules et chaque mauvaise nouvelle (ou ce que je considérais comme tel) m'atteignait comme si j'en étais responsable. Je me rappelle avoir vu un sondage où le taux d'appui à la souveraineté chutait à 37%, alors qu'il atteignait 60% trois ans plus tôt. Comment expliquer une telle fluctuation pour une question si fondamentale? Un peuple au complet peut-il être bipolaire?

En mangeant mes toasts aux cretons, elle m'est tombée dessus d'un coup: *La fatigue culturelle du Canada français*. Je commençais à comprendre pourquoi, par un bel après-midi de mars 1977, Hubert Aquin s'était pulvérisé la tête d'un coup de .12 dans les jardins du collège Villa Maria. Quand on œuvre à l'envol d'un pays, on peut se brûler les ailes au soleil de la lucidité.

À quoi bon en effet s'esquinter pour une nation qui ne croit plus en elle-même. Une nation qui a peur de naître. Une nation éternellement fœtale, colonisée congénitalement, qui aspire à se nourrir au placenta fédéral jusqu'à sa mort. Une nation qui se dissout, sourire aux lèvres, dans le grand Kool-Aid nord-américain.

Je revoyais aussi Lévesque un soir de mai 1980, déconstruit par ce chétif 40 % d'appui à une simple autorisation de négocier. Rien de plus épuisant que de mener des peureux au combat. Lâché par le Québec et poignardé plus tard en pleine nuit par le Canada, il ne s'en est jamais remis.

Plus près de moi, je repensais à Dédé Fortin, le magnifique samouraï qui a eu le cran de lancer son album le soir du référendum de 1995. En lisant les dernières paroles de sa dernière chanson, on comprend jusqu'à quel point le créateur liait son destin à celui du Québec. *Condamné par le doute, immobile et craintif / Je suis comme mon peuple, indécis et rêveur / Je parle à qui le veut de mon pays fictif / Le cœur plein de vertige et rongé par la peur.* J'en étais là, moi aussi.

Contrairement à leurs adversaires, les guerriers souverainistes usés par le combat

n'ont pas droit aux postes prestigieux pour
services rendus ni aux cabinets douillets
où rédiger leurs mémoires : ils se suicident
épuisés ou meurent aigris, à petit feu.

Debout sur ma plateforme, je navigue élégamment, en sifflotant comme un gondolier. Depuis que je me suis fait à l'idée que je suis arrivé au bout, je me sens libéré, presque léger. Mon humeur détendue contraste avec la pénombre du décor. Je filerais ainsi jusqu'à la fin des temps.

Mais quelque chose survient, ou plutôt quelqu'un. Au début, ce n'est qu'une ombre au milieu de la rivière. En m'approchant, je distingue une forme humaine affaissée, manœuvrant un esquif semblable au mien vers la rive droite. Je modifie ma trajectoire en sa direction et nous accostons presque en même temps sur un petit quai. Encapuchonnée comme un capucin, la silhouette est vêtue d'une bure grise élimée. Homme ou femme ? Je tente ma chance :

— Bonjour monsieur.

J'aurais voulu projeter une voix forte et agréable mais c'est plutôt un croassement inaudible. Mon larynx est vraiment rouillé. Mon interlocuteur ne s'en formalise pas.

— Bonjour jeune homme. (Sa vieille voix est si usée qu'elle bruit délicatement, comme un papyrus qu'on froisse.) Alors, quoi de neuf dans le marais?

— Comment savez-vous que j'arrive de là?

— C'est assez simple. Il y a deux façons d'arriver ici. Par là (il pointe la plaine d'une main squelettique) et par là-bas (il indique l'amont du fleuve). Comme c'est la voie la plus difficile, bien peu de gens choisissent le marais. Et ceux qui en sortent vivants sont encore plus rares. Alors, quoi de neuf?

— Ben justement, pas grand-chose. C'est plutôt tranquille, le marais. Mais vous, qu'est-ce que vous faites ici?

— Moi, je suis passeur. J'assure la liaison entre la rive droite et la rive gauche du fleuve.

Le fait qu'il ait spécifié de la rive droite à la rive gauche (alors qu'il aurait pu dire entre les deux rives) m'intrigue. Au moment de lui en faire la remarque, mon cours de mythologie grecque me revient et je comprends brusquement où je suis et à qui j'ai affaire. Il me regarde fixement et comprend que j'ai compris.

— Bon, puisque tu as déjà ton radeau, tu peux passer toi-même. Ça t'économisera une pièce.

— C'est donc vrai, cette histoire de pièce. Mais que faites-vous avec tout cet argent ? Il n'y a pas beaucoup de commerces dans le coin.

— Ça n'a aucune importance. C'est le code.

Devant mon incrédulité, il poursuit :

— C'est très sérieux. Tu vois ce petit enfant ? Il n'avait pas de pièce, alors il attend.

Je sursaute lorsque je remarque un garçon d'environ trois ans, entièrement nu, assis sagement près du quai. En fait, il s'agit du contour d'un garçon d'environ trois ans entièrement nu ; il est presque invisible tant son corps est transparent. Immobile, il regarde fixement l'autre rive.

— Mais ça n'a aucun sens ! Vous pouvez le faire traverser quand même ! Une pièce de plus ou de moins, qu'est-ce que ça change ?

— C'est le code. On ne juge pas le code, on le respecte. Et le code dit que je dois recevoir une pièce pour chaque âme que je fais traverser.

J'ai la désagréable impression de discuter avec l'allumeur de réverbère du

*Petit Prince.* C'est vraiment affligeant de constater que la bureaucratie déroule les tentacules de son absurdité jusqu'ici. La rigidité du nocher me dégoûte. C'est ce genre de déresponsabilisation devant la bêtise du règlement qui autorise toutes les horreurs humaines collectives.

— Il faut qu'il attende combien de temps ?

— Cent ans. Ça fait neuf ans, dix mois et vingt-quatre jours qu'il est ici.

Je fulmine d'impuissance, mais autant argumenter avec une borne-fontaine. Et je n'ai même pas d'argent à lui donner. Soudain, j'ai une idée :

— Est-ce que je peux l'emmener sur mon radeau ?

— Humm, ça ne s'est jamais vu, mais techniquement, ce n'est pas contre le code.

— Mais rendu de l'autre côté, qu'est-ce que je vais faire, moi ?

— Humm, c'est une bonne question... Seuls les morts peuvent entrer... Mais ça peut s'arranger. Le gardien va s'occuper de toi.

— Bon, faisons ça. (Je me tourne vers l'enfant.) Viens mon grand. Tu vas embarquer avec moi.

Docile, il se lève et glisse jusqu'au radeau à quelques centimètres du sol, le visage toujours aussi diaphane et inexpressif. Je veux lui poser une main amicale sur l'épaule, mais je la retire brusquement, comme si je m'étais brûlé. Autour de lui, toute chaleur semble aspirée par un halo glacé, comme la lumière qui disparaît dans un trou noir. Un frisson sinistre électrifie mes vertèbres et je largue les amarres. Je propulse le radeau avec puissance et grâce : je suis un spécialiste de la gaffe maintenant.

— Bon voyage jeune homme.

Je commence à être dosé des vieux qui me souhaitent bon voyage : ça ne m'a pas trop bien réussi jusqu'à présent. Révolté qu'on puisse être aussi insensible envers un enfant, je ne réalise pas que je vogue vers ma propre mort. Mon indignation de vivant m'empêche aussi de comprendre que la morale et le temps sont des inventions humaines qui ne concernent pas les morts.

J'ai renoncé à établir un contact avec mon passager. Le badinage non plus n'intéresse pas les morts. La traversée se fait sans encombre et en silence. Sitôt le radeau accosté sur une minuscule plage de sable noir, le petit spectre se dirige rapidement vers une longue faille qui déchire la montagne. Je m'y engouffre à sa suite. L'anfractuosité débouche sur une caverne éclairée par une étrange phosphorescence, dont la teinte rappelle le bleu de méthylène. Sur la droite, un immense amas métallique – qui occupe presque tout l'espace – scintille faiblement. C'est le trésor de Charon. Des millions de pièces, d'or, d'argent, de nickel, de bronze et de cuivre, selon les époques et la provenance. Je suis certain qu'en fouillant au fond du tas, je trouverais même des roches et des coquillages sculptés. Des milliards d'unités monétaires représentant la somme des morts depuis le début de l'humanité. Une richesse pharaonique, accumulée méthodiquement, immobile, inutile. Un fonctionnaire buté, une fortune indécente, décidément, on se croirait chez les vivants.

Le fantôme-enfant longe la paroi gauche et s'éclipse par un corridor creusé au fond de la grotte. Il me faut faire vite pour ne pas le perdre. De furieux jappements se répercutent brusquement sur la roche. Nous parvenons à une salle cubique au bout de laquelle est enchaîné un immense molosse tricéphale : Cerbère, évidemment. Arc-boutée sur ses pattes arrière, la bête est retenue par une lourde chaîne tendue à l'extrême qui l'empêche (pour le moment) de se ruer sur nous. Ses trois gueules surexcitées expectorent un vacarme dont la charge agressive me fige de terreur. Mon jeune compagnon demeure impavide. Il s'approche lentement du monstre. Ce dernier se calme et, presque respectueusement, s'efface sur sa gauche, découvrant une double porte métallique aux reflets cuivrés. Les lourds vantaux s'écartent lentement dans un roulement de mécanique bien huilée. Sans se retourner, ni se presser, le petit mort franchit le seuil et disparaît avec fluidité dans un escalier plongeant dans les entrailles du monde.

Se replaçant rapidement devant l'entrée, Cerbère revient à moi en grondant sourdement. Des stalactites baveuses s'écoulent lentement de ses mâchoires. Plissés jusqu'à rappeler les fentes d'un volet de maison hantée, ses six yeux malfaisants me font très bien comprendre ce qui m'attend si je continue.

Crispé par l'indécision, je réfléchis à toute vitesse. Je ne veux pas mourir. Ça n'a jamais été aussi clair. Non seulement je ne veux pas me faire déchiqueter par douze canines longues comme des coutelas, mais je veux retrouver les miens. Je veux revoir la coulée de cuivre des cheveux de mon fils, tellement vivant, lui. Je veux sentir la chaleur de ma femme. Je veux boire avec mes amis, discuter avec mon père, rire avec ma mère et regarder le hockey avec mon frère. Je veux me lever pour mon pays. Bref, je veux faire ce que je n'ai pas fait depuis longtemps : vivre.

— Désolé mon gros, mais ce ne sera pas pour tout de suite.

En me retournant, j'entends le claquement de la chaîne qui se tend violemment, suivi d'un tollé d'aboiements. Je perçois nettement la rage de Cerbère, mais surtout sa frustration. Le gardien des Enfers est fru fru menstru ! Dans la luminescence bleutée qui mène au royaume d'Hadès, j'esquisse un sourire, le premier vrai depuis presque trois ans.

J'émerge de la montagne comme un enfant sort de sa mère. À l'instar de Dionysos (le dieu du vin et du délire mystique), je suis re-né. Appuyé sur sa perche, Charon ne paraît pas surpris de me voir, comme s'il m'attendait.

— Je me doutais bien que tu n'étais pas prêt pour le grand voyage.

— En fait, je me suis dit que ça pouvait attendre. Est-ce que je peux retourner chez moi?

— Sais-tu combien d'humains sont revenus des Enfers?

— Euh… (J'essaie de me rappeler les cours de mythologie du vendredi matin.) Thésée…

— Thésée, Orphée et Hercule. Comme tu vois, le club est assez sélect. Trois grands héros dont on honore encore les noms.

— Eh bien je serai le quatrième. Est-ce que ça fait de moi un héros?

— D'une certaine façon, oui, puisque que tu as traversé le marais. Mais la légende d'un vrai héros se tisse dans le kléos. Et ce n'est jamais le héros lui-même qui construit sa renommée, mais ceux qui perpétuent sa mémoire en racontant ses exploits et en érigeant des monuments à sa gloire.

— Dans mon cas, vivre sera un exploit bien suffisant. Quant aux monuments, j'en aurai un à mon nom au cimetière, comme tout le monde. Allez, je me sauve. Avec un peu de chance, le pique-nique ne sera pas encore terminé. (Je saute lestement sur mon radeau.) Comment on fait pour atteindre le vrai monde?

— Au bout de la plaine. Toujours tout droit.

— Une dernière chose. Je fais quoi avec le radeau?

— Amarre-le au quai, on ne sait jamais… Tu pourras le reprendre la prochaine fois. (Je crois avoir vu son œil droit cligner, mais je ne suis pas sûr.)

Car il y aura une prochaine fois, définitive, celle-là. Mais pas tout de suite. Oh non, pas tout de suite.

# Épilogue

— Suivante.

Pliée à quatre-vingt-dix degrés par une sévère lordose, la vieille devant moi fit glisser sa marchette laborieusement. Son appareil buta contre une étagère et fit chuter une boîte d'analgésiques. Inconsciente de sa maladresse, elle s'adressa à la pharmacienne en hurlant comme si elle était au parterre d'un concert heavy métal.

— Sont pas bonnes ces pilules-là ! Depuis que j'les prends j'ai mal au ventre ! Je l'ai dit au médecin, mais y m'écoute pas !

Sa main tordue par l'arthrite agrippait le flacon de comprimés et le secouait comme un hochet.

— Montrez-moi ça madame Saindon. On va voir ce qu'on peut faire.

Je replaçai discrètement l'analgésique sur la tablette. À ma gauche, un vieux insérait précautionneusement son bras décharné dans un brassard pour mesurer sa tension artérielle. Il peinait à comprendre le fonctionnement (pourtant très simple) de l'appareil et appelait à l'aide de son regard paniqué. À ce moment-là, sa tension était sûrement trop élevée.

Ô misère du vieillissement... Ramer toute sa vie pour en arriver là. Si jamais j'échouais en politique, mon programme ne comporterait qu'un seul engagement : légaliser l'euthanasie.

Avec honte et résignation, je fixais la prescription chiffonnée que je venais de sortir de ma poche. Impossible de décrypter les hiéroglyphes du médecin. Pourtant, je savais très bien ce qu'il avait écrit.

— Suivant.

Je m'avançai et remis le papier à la pharmacienne en déglutissant péniblement. Je n'osais pas la regarder dans les yeux. Profitant de ce qu'elle déchiffrait les gribouillis, je la matai discrètement. C'était une grande brune aux mains fines, avec une queue de cheval parfaitement nouée, et dont les lunettes à la Sarah Palin crédibilisaient la beauté juvénile. Elle n'avait pas vingt-cinq ans.

Évidemment, son sarrau trop grand masquait son corps comme une burqa. Mais je pouvais très bien l'imaginer durant son party d'initiation au bac en pharmacie : ficelée dans un haut de bikini et un string phosphorescents, la tête renversée, le ventre parfaitement ciselé, exhibant un bronzage estival impeccable, elle tentait en vain d'avaler la bière que lui versaient dans un gigantesque entonnoir deux imbéciles en bobettes.

— Soixante-quinze milligrammes d'Effexor?

— Ouain, c'est ça.

Je tentais d'avoir l'air détaché, mais je détestais cette consultation publique, où tous mes problèmes étaient révélés par cette maudite médication. Professionnelle, elle me regardait sans juger, avec juste ce qu'il fallait de compassion.

— Un comprimé par jour le matin ou le soir. Au début, vous pourrez avoir des étourdissements, mais ça va passer. Vous savez qu'il est déconseillé de boire de l'alcool avec ces médicaments-là.

— Euh, oui oui…

Décidément, ce traitement commençait très mal.

— Je vous recommande aussi de faire de l'exercice. Pas nécessairement du sport, mais de l'activité physique.

Je croyais avoir vu son œil droit cligner, mais je n'étais pas sûr. Par contre, son sourire était bien réel. Je le lui rendis.

— Je vous donne ça dans quelques minutes au comptoir de réception. Au bout de l'allée, toujours tout droit.

Quand j'y repense, le sourire de cette pharmacienne fut la première dose d'anti-dépresseurs de mon traitement.

*Petite Patrie, novembre 2009.*

# Merci

Jean Barbe, qui a deviné avant moi que j'écrirais un livre.

Pineault, mon premier lecteur.

Perrine Leblanc, pour ton iris bionique.

Docteur Rivard, pour les prescriptions de gros bon sens.

Niko, pour la beauté de ton marais.

Marie-Anne et Louis, pour avoir gardé le cap pendant mes dérives.

Jean-Yves, Nicole, Étienne, mon insubmersible famille.

OUVRAGE RÉALISÉ PAR
LUC JACQUES, TYPOGRAPHE
ACHEVÉ D'IMPRIMER
EN NOVEMBRE 2011
SUR LES PRESSES
DE MARQUIS IMPRIMEUR
POUR LE COMPTE DE
LEMÉAC ÉDITEUR, MONTRÉAL

DÉPÔT LÉGAL
1ʳᵉ ÉDITION : 1ᵉʳ TRIMESTRE 2010
(ÉD. 01 / IMP. 02)